BEI GRIN MACHT SICH IHR WISSEN BEZAHLT

- Wir veröffentlichen Ihre Hausarbeit, Bachelor- und Masterarbeit

- Ihr eigenes eBook und Buch - weltweit in allen wichtigen Shops

- Verdienen Sie an jedem Verkauf

Jetzt bei www.GRIN.com hochladen und kostenlos publizieren

Martin Czygan

Konzept der Assertions und Prinzip von Design-by-Contract in einer kurzen Darstellung (Stand 2005)

GRIN Verlag

Bibliografische Information der Deutschen Nationalbibliothek:

Die Deutsche Bibliothek verzeichnet diese Publikation in der Deutschen National-
bibliografie; detaillierte bibliografische Daten sind im Internet über http://dnb.d-
nb.de/ abrufbar.

Impressum:

Copyright © 2005 GRIN Verlag GmbH
Druck und Bindung: Books on Demand GmbH, Norderstedt Germany
ISBN: 978-3-640-33161-1

Dieses Buch bei GRIN:

http://www.grin.com/de/e-book/126910/konzept-der-assertions-und-prinzip-von-
design-by-contract-in-einer-kurzen

GRIN - Your knowledge has value

Der GRIN Verlag publiziert seit 1998 wissenschaftliche Arbeiten von Studenten, Hochschullehrern und anderen Akademikern als eBook und gedrucktes Buch. Die Verlagswebsite www.grin.com ist die ideale Plattform zur Veröffentlichung von Hausarbeiten, Abschlussarbeiten, wissenschaftlichen Aufsätzen, Dissertationen und Fachbüchern.

Besuchen Sie uns im Internet:

http://www.grin.com/

http://www.facebook.com/grincom

http://www.twitter.com/grin_com

Assertions

Grundlagen

Ausarbeitung zum Seminar: Wegweisende Arbeiten in der Softwaretechnik II. WS 2004/2005.

Universität Leipzig. EBUS, Institut für angewandte Telematik.

Martin Czygan

Letzte Änderung: *Feb, 11. 2005.*

Inhaltsverzeichnis

1 **Einleitung**   **3**

2 **Vorüberlegungen**   **3**
   2.1 Fehlerquellen 3
   2.2 Fehlererkennung 4

3 **Design-By-Contract**   **4**
   3.1 Grundprinzip 4
   3.2 EIFFEL 5
   3.3 Aspekte von Design-By-Contract 5
   3.4 Vorteile von Design-By-Contract 8

4 **Assertions**   **8**
   4.1 Einsatz von Assertions 9
   4.2 APP, Ein Präpozessor für C 9
   4.3 Assertions und Exceptions 12
   4.4 Vorteile/Probleme 13

5 **Zusammenfassung**   **15**

1 Einleitung

Die vorliegende Ausarbeitung stellt das Konzept der Assertions vor. Assertions stellen eine Umsetzung des Design-by-Contract-Prinzips dar und ermöglichen eine Überwachung von Code zur Laufzeit. Im folgenden sollen, ausgehend von David S. Rosenblums Paper "Toward a Method of Programming with Assertions" sowohl das Konzept der Assertions, als auch das Prinzip von Design-By-Contract vorgestellt werden. (*Ergänzt wird dieser Text durch eine weitere Ausarbeitung im Rahmen des o.g. Seminars. Titel: Assertions in Java*)

2 Vorüberlegungen

Software sollte frei von Fehlern sein. Fehler während der Erstellung erhöhen die Kosten von Software, insbesondere wenn sie im Endstadium der Software-entwicklung oder später gefunden werden. Die Möglichkeiten der Reduzierung von Fehlern während aller Stufen der Entwicklung ist somit ein umfassendes Forschungsgebiet. Mit Hilfe von Assertions können Fehler in Programmen während der Phase der Implementierung und der Testphase (und später) gefunden werden.

2.1 Fehlerquellen

Fehler können in allen Phasen der Softwareentwicklung auftreten. Die Fehler entstammen dabei aus unterschiedlichen Quellen:

- Fehler im Software-Design
- Fehler im Modell, welches der Software zugrunde liegt
- Fehler in der Definition von Interfaces
- Fehlerhafte Algorithmen
- Type Mismatch
- Fehler durch ungültige Wertebereiche einer Variablen
- Fehler während der Eingabe des Programms (typo)

Je nach Entwicklungsumgebung können bestimmte Fehlertypen bereits zur Compilezeit vom Compiler erkannt werden. Dazu gehören Fehler bei der Eingabe (typo) und - bei Umgebungen, die Typechecking unterstützen - Fehler durch Verwendung nicht-passender Typen.

2.2 Fehlererkennung

Für die Suche nach Fehlern aus den verschiedenen Quellen stehen adäquate Methoden und Werkzeuge zur Verfügung. Typische Konstrukte und Prinzipien zur Fehlersuche und Fehlerbehandlung oder auch zur Vermeidung von Fehlern sind:

- Modulares Design
- Model Checking
- Exceptions
- Assertions
- Testen
- Extreme Programming

Assertions können helfen, Fehler in u. a. folgenden Bereichen zu vermeiden bzw. aufzudecken: Fehlerhafte Interface-Definitionen, fehlerhafte Algorithmen (nicht korrekte Umsetzung einer Spezifikation) und Fehler durch ungültige Wertebereiche einer Variablen.

3 Design-By-Contract

Design-By-Contract ist ein Prinzip, welches Korekktheit und Robustheit von Software unterstützt. Vorgestellt wurde Design-By-Contract von Betrand Meyer im Zuge der Vorstellung der Programmiersprache EIFFEL.

3.1 Grundprinzip

Design-By-Contract ist eine Client-Server Betrachtungsweise der Zusammenarbeit von Objekten. Dabei existieren Anbieter und Nutzer, wobei hier Funktionalität zur Verfügung gestellt, bzw. genutzt wird. Im Fall einer Interaktion werden - ähnlich einem realen Vertrag - für Nutzer und Anbieter Pflichten und Rechte vereinbart. Erfüllt der Nutzer die Auflagen des Anbieters, so ist die angebotene Leistung garantiert, umgekehrt gilt, dass die Nichterfüllung der Obligationen zum Verlust der Garantie führt.

Design-By-Contract wurde in zeitlicher und gedanklicher Nähe mit EIFFEL entwickelt.

3.2 EIFFEL

EIFFEL wurde 1985 von Betrand Meyer vorgestellt. Es handelt sich um eine vollständig objekt-orientierte Sprache, die als eine Alternative zu C++ geplant gewesen ist. EIFFEL wurde entworfen, um das ingenieursmäßige Entwickeln von Software zu unterstützen. Klares Design und gegen Fehler abgesicherte Software sind die Hauptziele dabei gewesen, wobei die Umsetzung des Design-by-Contract eine entscheidende Rolle einnimmt. EIFFEL hat allerdings weniger Verbreitung gefunden als JAVA oder C und ihre Nachfolger.

3.3 Aspekte von Design-By-Contract

Spezifikation Jedes größere Softwareprojekt beginnt mit einer Spezifikation. Aufgabe von DBC ist das Assoziieren von Teilen der Spezifiktion mit Teilen von Softwarekomponenten, und schließlich die Verbindung mit der Implementierung. Eine Voraussetzung dafür ist die Möglichkeit, Spezifikationen direkt im Code zu plazieren. Assertions stellen eine solche Möglichkeit dar (siehe auch Abschnitt 4).

Veranschaulichung Ein typische Veranschaulichung des DBC erfolgt über Tabellen. Der Nutzer und der Anbieter eines Dienstes besitzen jeweils eine Auflage, also eine Bedingung, die erfüllt sein muß. Ist diese Bedingung erfüllt, kann die jeweilige Partei mit dem entsprechenden Nutzen aus der Interaktion rechnen.

	Auflagen	Nutzen
Client	Ankunft am Flughafen mindestens 5 Mintuen vor Abflug. Gültiges Ticket.	Erreicht Zielort.
Supplier	Bring Passarier an Zielort.	Ist ein Passagier verspätet, oder besitzt kein gültiges Ticket, so muß er nicht befördert werden.

Schlüsselkonzepte Der Begriff der Bedingung (oder der erfüllten Bedingung) spielt bei DBC eine zentrale Rolle. Nimmt man als Anbieter eines Dienstes beispielsweise eine Funktion, und als Nutzer eines Dienstes eine weitere Funktion, die die andere aufruft, dann gelten nach dem DBC folgende Vereinbarungen:

- **Precondition**: Bedingung, die vom Nutzer eines Dienstes erfüllt sein muß, damit der Anbieter des Dienstes ein korrektes Ergebnis gewährleisten kann.

- **Postcondition**: Bedingung, die nach Ausführung eines Dienstes erfüllt sein muß.

Precondition (Vorbedingung) und Postcondition (Nachbedingung) gehören zu einzelnen Funktionen. Es gibt jedoch auch die Möglichkeit Bedingung an eine Klasse als Ganzes zu stellen. Eine Bedingung, die für alle Instanzen einer Klasse erfüllt sein muß heißt **Class Invariant** (Klasseninvariante)

Dokumentation Jeder zwischen zwei Parteien geknüpfte Vertrag ist, wird er im Quellcode eingebettet und ist seine Notation nicht zu komplex und unverständlich, bereits ein Element eines weiteren wichtigen Teils von Software, der Dokumentation. Ein Fragment EIFFEL-Code zur Veranschaulichung dieser Tatsache:

```
class interface DICTIONARY [ELEMENT] feature
    put (x: ELEMENT; key: STRING) is
        require
            count <= capacity
            not key.empty
        ensure
            has(x)
            item(key) = x
            count = old count + 1
    ... other features ...
invariant
        0 <= count
        count <= capacity
end
```

Ohne dass der Quellcode Kommentare enthält, lassen sich - auch ohne Kenntnis der EIFFEL-Syntax - folgende Bedingung feststellen: Das Interface DICTIONARY bietet eine Funktion put an, an die folgende Vorbedingungen geknüpft sind: Eine Variable count soll eine andere Variable capacity nicht überschreiten und es soll kein leerer Schlüssel (key) an die Funktion übergeben werden. Die Nachbedingungen der Funktion wären: Das Interface DICTIONARY enthält ein Element x und diesem ist ein Schlüssel zugeordnet. Die Variable count ist um eins inkrementiert. Das Interface DICTIONARY besitzt weiterhin eine Invariante: Die Variable count soll den Wert Null nicht unterschreiten und den Wert der Variable capacity nicht überschreiten.

Das Beispiel ist simpel. Dennoch wird sichtbar, daß durch die in den Quellcode eingebetteten Bedingungen ein großer Teil der Spezifikation

6

der Klasse bzw. der Funktion auf einem intuitiven Weg klar werden können.

Qualitätssicherung Im Idealfall lassen sich in einem Softwaresystem für jede Komponente Bedingungen festlegen, die der Spezifikation entsprechen. Angenommen, die Spezifikation sei fehlerfrei, so ließe sich die Korrektheit des Gesamtsystems überprüfen, indem man die Korrektheit jeder implementierten Routine oder Klasse in Bezug auf die Spezifikation nachweist. Allerdings ist in fast allen Fällen ein solches Vorgehen für die Praxis ungeeignet. Dennoch helfen die durch DBC zur Verfügung gestellten Konstrukte Fehler in der Software über Tests zu finden. Die Bedingungen können zur Laufzeit überwacht werden, wobei nicht erfüllte Bedingungen eine Ausnahme auslösen und dokumentiert werden. Fehler können so leichter lokalisiert werden.

Design-By-Contract und Vererbung Vererbung gehört zum Paradigma der Objekt-Orientierung. Im Rahmen von DBC erben Unterklassen auch Verträge, also Vor- bzw. Nachbedingungen der Oberklasse. Dabei gelten folgende Einschränkungen:

- Jede von einer Unterklasse überschriebene Routine muß die Precondition der überschriebenen Routine übernehmen oder kann diese abschwächen.

- Jede von einer Unterklasse überschriebene Routine muß die Postcondion der überschriebenen Routine übernehmen oder kann diese verstärken.

Nicht-erfüllte Bedingungen Enthielte ein Programm lediglich Bedingungen, die stets erfüllbar oder erfüllt wären, so hätten sie keinen Nutzen. Im Fall einer Verletzung einer Assertion können grundsätzlich verschiedene Wege eingeschlagen werden:

- Retry: Nach einer fehlgeschlagenen Bedingung steht ein alternativer Programmpfad zur Verfügung und wird ausgeführt.

- Organized panic: Die fehlgeschlagene Routine meldet das Scheitern an die aufrufende Funktion.

- Abort: Das Programm bricht ab und gibt eine Diagnosemeldung aus.

Welche Möglichkeiten tatsächlich zur Verfügung stehen, hängt natürlich von der verwendeten Programmiersprache und der entsprechenden Unterstützung für die Behandlung von Ausnahmen ab.

3.4 Vorteile von Design-By-Contract

Als Vorteile von Design-by-Contract (DBC) lassen sich folgende Punkte anführen:

- Mit Hilfe von DBC entwickelt man ein besseres Verständnis vom Prinzip des objekt-orientierten Designs und damit von der Konstruktion und vom Entwurf von Software allgemein.

- DBC bietet einen systematischen Ansatz, um fehlerfreie objektorientierte Systeme zu entwickeln.

- DBC bietet einen effektiven Rahmen für die Aufgaben der Qualitätssicherung von Software: Debuggen und Testen.

- DBC unterstützt die Dokumentation von Softwarekomponenten.

- Mit einem Fokus auf nicht-vorgesehene Ereignisse innerhalb der Software lassen sich effektivere Ausnahme-Behandlungen entwickeln.

4 Assertions

Assertion sind formale Beschränkungen des Verhaltens von Softwaresystemen und werden gewöhnlich als Anmerkungen oder Kommentare in den Quellcode geschrieben. Die formalen Beschränkungen werden als boolsche Ausdrücke notiert.

Assertions sind ein Tool zur Absicherung korrekter Passagen in Programmen. In Alan Turings *Manual for the Ferrati Mk. I* finden sich bereits Anmerkungen zu Bedingungen, die während des Ablaufes eines Programms erfüllt werden müssen, obwohl sie äußerlich den späteren Assertions noch wenig ähneln. Gleiches gilt für einen weiteren Text von Alan Turing, *Checking a large routine[7]*, auf den hier nur hingewiesen sein soll.

Assertions und Design-By-Contract Design-By-Contract wird mittels Assertions realisiert. Preconditions, Postconditions und Klasseninvarianten werden als boolsche Ausdrücke entweder als Kommentar (JASS) oder als Teil des applikativen Codes (EIFFEL, Java, APP for C) in den Quelltext geschrieben. Diese werden vom Compiler oder von einem Präprozessor in Code übersetzt und sind am Ende Teil der ausführbaren Datei. Zur Laufzeit werden an gegebener Stelle die Assertions überprüft. Schlägt eine Assertion fehl, so erfolgt eine Aktion (siehe Abschnitt 3.3).

4.1 Einsatz von Assertions

Ursprünglich wurden Assertions eingesetzt, um eine schnelle Lokalisation von Fehlern während der Testphase zu ermöglichen[4]. Dabei werden Assertions in Form von Preconditions, Postconditions oder Invarianten an oder in Funktionen platziert. Die Überprüfung erfolgt zur Laufzeit, ist also dynamisch. Dieser Einsatz von Assertions gehört auch heute zu den am weitest verbreiteten. Eine weitere dynamische Verwendung von Assertions besteht in der Konstruktion von Trace-Assertions. Dabei beziehen sich die Bedingungen, die an die Software gestellt werden, nicht mehr auf die Komponenten direkt, sondern auf die Anordung der zur Laufzeit verwendeten Komponenten. Ausführungspfade eines Programms können als gültig oder als ungültig spezifiziert werden. Werden Methoden in einer zuvor als nicht zulässig festgelegten Reihenfolge aufgerufen, so tritt eine Ausnahme auf.

Weiterhin spielen Assertions bei der Statischen Analyse eine Rolle. Der wesentliche Unterschied zur dynamischen Analyse besteht darin, das der Code zur Compilezeit geprüft wird, nicht zur Laufzeit. Ein Beispiel dieses Ansatzes ist der im zweiten Teil (Assertions in Java) vorgestellte ESC für Java.

Assertions bilden im Rahmen von Themen wie statische und dynamische Analyse, formale Spezifikation, Testen und Debuggen ein Forschungsgebiet. Sie finden gleichzeitig in der Softwareindustrie eine immer stärkere Verbreitung. In der Lehre und in Programmiersprachen-Handbüchern werden Assertions eher marginal behandelt.

4.2 APP, Ein Präpozessor für C

Im folgenden soll der Inhalt des Papers "**Towards a Method of Programming with Assertions**"[3] von David S. Rosenblum zusammengefaßt wiedergegeben werden. Besonders soll auf das von Rosenblum entwickelte und in diesem Paper aufgeführte APP vorgestellt werden.

Überblick Rosenblum bemerkt, daß Assertions zwar bekannt, jedoch wenig eingesetzt werden. Zum einen gäbe es einen Mangel an Tools, mit denen sich Assertions realisieren ließen. Zum anderen sei der effektive Einsatz von Assertions vielen Entwicklern unbekannt. Gegen diese zwei Defizite ist Rosenblums Text geschrieben. Er enthält eine Beschreibung eines Tools und eine Übersicht über die typischen Einsatzbereiche.

APP APP ist ein Präprozessor für die Sprache C. Assertions werden als Kommentar in den Quellcode eingefügt, vom Präprozessor in Quellcode umgesetzt und schließlich vom Compiler in sogenannte *self-checking executables* übersetzt. APP stellt vier Schlüsselworte zur Verfügung: **assume**, **promise**, **assert** und **return**.

- **assume** | legt eine *Vorbedingung* fest (für eine Funktion)

- **promise** | legt eine *Nachbedingung* fest (für eine Funktion)

- **assert** | legt einen Zwischenstand des Ablauf innerhalb einer Funktion fest

- **return** | legt Rückgabewert fest

Anhand von zwei Quellcode-Auszügen soll der Einsatz und die Notation der APP-Schlüsselwörter gezeigt werden. Folgendes Beispiel zeigt die Spezifikation einer Funktion `swap`:

```
void swap(x, y)
int* x;
int* y;
/*@
        assume x && y && x != y;
        promise *x == in *y;
        promise *y == in *x;
@*/
{
        *x = *x + *y;
        *y = *x - *y;
        /*@
                assert *y == in *x;
        @*/
        *x = *x - *y;
}
```

Diese Funktion vertauscht die Werte der zwei Parameter. Die *Vorbedingung* lautet: Die Pointer x und y sollen nicht NULL sein (x && y), und sie sollen nicht gleich sein (x != y). Ist eine dieser Bedingungen zum Zeitpunkt des Aufrufes der Funktion verletzt, so bricht das Programm ab und gibt eine Fehlermeldung aus. Die *Nachbedingung* lautet: Der Wert von x soll den Wert von y zu Beginn der Funktion enthalten (*x == in *y). Ebenso soll y den Wert von x zu Beginn der Funktion enthalten (*y == in *x). Sind diese Bedingungen (oder eine dieser) nicht erfüllt wenn der Funktionsrumpf vollständig durchlaufen ist, so bricht das Programm ab und gibt eine Fehlermeldung aus. Die *Bedingung, die während der Ausführung* der Funktion erfüllt sein muß, lautet: Der Wert von y soll den Wert von x zu Beginn der Funktion enthalten (*y == in *x).

Folgendes Beispiel zeigt die Spezifikation einer Funktion `square_root`:

```
int square_root(x)
int x;
/*@
```

```
        assume x >= 0;
        return y where y >= 0;
        return y where y*y <= x && x < (y+1)*(y+1);
@*/
{
    ...
}
```

Diese Funktion liefert die größte ganze (positive) Zahl, die kleiner oder gleich der Wurzel des Arguments ist. Die Vorbedingung lautet: Der Wert von x soll 0 nicht unterschreiten. Die Bedingungen an den Rückgabewert der Funktion lauten: `y` soll 0 nicht unterschreiten (`y >= 0`). Außerdem soll das Quadrat des Rückgabewertes maximal x, das Quadrat der um eins inkrementierten Rückgabewerte größer als x sein (`y*y <= x && x < (y+1)*(y+1)`).

Typische Einsatzbereiche Typischerweise werden - nach Rosenblum - Assertions unter anderem für folgende Aufgaben eingesetzt:

- Konsistenz zwischen Argumenten

  Die an eine Funktion übergebenen Argumente sind voneinander abhängig, und es soll geprüft werden, ob die Zusammenstellung der Argumente gültig ist.

- Abhängigkeit des Rückgabewertes vom Argument

  Sind die Rückgabewerte vom Argument abhängig, kann diese Beziehung durch Assertions geprüft werden (s.o. Beispielfunktion `square_root`).

- Globale Zustände

  Falls Funktionen globale Variablen ändern, können diese Änderungen auf Gültigkeit geprüft werden.

- Kontext eines Funktionsaufrufes

  Sollen Funktionen nur in einem speziellen Kontext aufgerufen werden (was meistens einem besonderen globalen Zustand entspricht), so kann dies mit Assertions geprüft werden.

- Wertebereiche von Variablen

  Falls eine Programmiersprache keine Eingrenzung von Wertebereichen von Variablen gestattet (z.B. C), so lassen sich Einschränkungen durch Assertions festlegen (s.o. Beispielfunktion `square_root`).

- Non-Null Pointers

  Die Verwendung von Pointern kann sicherer gestaltet werden, durch Assertions, die verhindern, dass Pointer, auf denen Operationen ausgeführt werden sollen, ins Leere zeigen (s.o. Beispielfunktion `swap`).

- Zustände während der Ausführung einer Funktion

  Vor allem in umfangreichen Funktionen können Assertions helfen, Zwischenergebnisse zu verifizieren (s.o. Beispielfunktion `swap`).

Grenzen APP ist speziell für C, einer imperativen Sprache, geschrieben worden. Demnach fehlt natürlicherweise ein Schlüsselwort für Klasseninvarianten. Jedoch kann man mit Hilfe der zur Verfügung stehenden Schlüsselwörter einer Reihe von Fehlerquellen entgegenwirken.

4.3 Assertions und Exceptions

Assertions und Exceptions sind zwei Möglichkeiten, Fehler und Ausnahmen in Programmen zu behandeln. Beide besitzen unterschiedliche Einsatzgebiete:

- Assertions werden während der Testphase verwendet, um die schnelle Lokalisation von Fehlern zu ermöglichen. Es handelt sich dabei um Programmierfehler oder um Diskrepanzen zwischen der Spezifikation und der Implikation. Die Verwendung von Assertions in Code ist skalierbar, d.h. Assertions können an- bzw. abgeschaltet werden. Die Release-Version einer Software wird aus Gründen der Performance meist ohne Assertions kompiliert. (Anmerkung: Wird die Software nach der Auslieferung weiterentwickelt und können geringfügige Leistungseinbußen in Kauf genommen werden, so lassen sich weitere Daten über Fehler sammeln, indem Assertions aktiviert bleiben. Die Applikation stürzt, wenn eine Assertion verletzt wird, kontrolliert ab. Folgender Screenshot zeigt, was ein Anwender von einer fehlgeschlagenen Assertion sehen könnte:

Abb.: Kontrollierte Panik

Für einige Softwareprodukte und Unternehmen ist dies eine gute Möglichkeit, die Fehlerdatenbank mit Daten über die Art des Absturzes zu füllen. Hoare schätzt[4], daß Microsoft via Internet auf diese Weise pro Tag mehrere hunderttausend Meldungen erreichen.

- Assertions sollten nicht verwendet werden:

12

- für kritische Programmabschnitte, da bei einer Compilierung
  ohne Assertions auch die Prüfung dieser Abschnitte entfällt.
  Dieses Vorgehen kann mit Risiken behaftet sein. (Assertions
  sind kein Ersatz für Exceptions.)
- für *erwartete* Fehlschläge während der Programmausführung.
  Diese sollten mit Exceptions abgefangen werden.

4.4 Vorteile/Probleme

Der größte Nutzen von Assertion in der Praxis liegt in der effektiveren
Gestaltung von Tests. Dabei sollten alle Programmabschnitte geprüft
werden, insbesondere diejenigen, die Assertions enthalten. Für ein Code-
fragment, welches nicht ausgeführt wird, sind Assertions unnötig. Die
entscheidenden Vorteile von Assertions sind folgende:

- Nicht offensichtliche Fehler, die ohne Assertions unbemerkt geblieben
  wären, können entdeckt werden.

- Fehler können mit Hilfe von Assertions schneller entdeckt werden.

- Assertions helfen, die Lesbarkeit von Code zu erhöhen.

Folgende Probleme können bei der Verwendung von Assertions auftreten:

- Assertions können selbst fehlerhaft sein. Daraus ergeben sich folgende Szenarien:

  - Es wird ein Fehler gemeldet, der nicht existiert.

  - Es wird kein Fehler gemeldet, obwohl ein Fehler existiert.

  - Eine Assertion ist nicht frei von Seiteneffekten.

- Assertions beeinflussen das Leistungsverhalten.

  - Obwohl Assertions nicht das Programmverhalten selbst bee-
    influssen dürfen, so benötigen sie doch Ressourcen (Ausführungszeit,
    Speicher)

- Assertions können das Testen von Programmen blockieren

  - Enthält ein System ein größere Anzahl von Assertions, so
    kann es zu Überdeckungen kommen, die die Einschätzung
    des Grades der Verletzung einer Bedingung erschweren. Kleine
    Fehler können den Programmablauf stoppen und den Test-
    prozess aufhalten, obwohl es sich möglicherweise um die Wirkung
    einer anderen Fehlerquelle handelt. Andererseits kann das
    Übergehen einer fehlgeschlagenen Assertion (also die weitere
    Ausführung des Programms, obwohl eine Bedingung verletzt

wurde) die Anzahl der Fehler scheinbar erhöhen, obwohl es sich dabei nur um die Symptome des ursprünglich übergangenen Fehlers handelt.

Ein weiteres Problem sei kurz angemerkt:

Assertions in Java Java unterstützt Assertions seit der Version 1.4. Seither werden Assertions auch vermehrt in den API-Klassen eingesetzt[1]. Für die Ausführung von Java-Bytecode mit Assertions wird allerdings eine JVM 1.4 oder höher vorausgesetzt.

---

[1]*Java SE SDK 1.5.0_01* enthält 6564 Dateien Java-Quellcode. In 269 Dateien werden Assertions verwendet.

5 Zusammenfassung

Assertions sind ein Mittel, um die Zuverlässigkeit von Software zu erhöhen. Die Möglichkeiten der fortschreitenden technologischen Entwicklung, größere und komplexere, aber auch inhomogenere Systeme zu entwickeln, erhöht die Anfälligkeit für Fehler. Fehler in Software können jedoch enorme Kosten verursachen.

Assertions können auf vielfältige Weise zu einer sicheren Softwareentwicklung beitragen. Werden Systeme von Grund auf neu entwickelt, lassen sich mit top-down Vorgehensweisen die Bedingungen von Softwarekomponenten festlegen, bevor die erste Zeile Code geschrieben wird. Assertions können auch dazu beitragen, die Testphase (die 40 - 50% der Entwicklungszeit von Software in Anspruch nimmt) zu verkürzen oder die Möglichkeiten von Tests weiter auszuschöpfen.

Nach einem Diktum Dijkstras können Tests nur die Anwesenheit von Fehlern bestätigen, nicht ihre Abwesenheit. Fehlerfreiheit kann jedoch durch Korrektheitsnachweise von Programmteilen gezeigt werden, wozu auch Assertions verwendet werden können, z.B. im Rahmen von statischen Analysen.

Die langfristige Aufgabe hat Hoare folgendermaßen beschrieben: "The construction and exploitation of a fully verifying compiler remains as a long-term challange for the twenty-first century Computer Science."[4]

Literatur

[1] Auguston, Mikhail. Assertion checker for the C programming language based on computations over event traces, in: Proceedings of the Fourth International Workshop on Algorithmic and Automatic Debugging, AADEBUG 2000. *http://www.cs.nmsu.edu/~mikau/*

[2] Crocker, David. Safe Object-Oriented Software: The Verified Design-By-Contract Paradigm, in: Proceedings of the Twelfth Safety-Critical Systems Symposium (ed. F. Redmill & T. Anderson) 19-41, London. 2004. *http://www.eschertech.com/papers/safe_oo_software.pdf*

[3] **Rosenblum, David S. Towards a Method of Programming with Assertions. Proceedings of the 14th ICSE. 1992.** *http://portal.acm.org*

[4] Hoare, Tony. Towards the Verifying Compiler. 2002. *http://www.macs.hw.ac.uk/~air/student-projects/verifying-compiler-carh.pdf*

[5] Hoare, Tony. Assertions: a personal perspective. 2001. *http://research.microsoft.com/~thoare/6Jun_assertions_personal_perspective.htm*

[6] Meyer, Betrand. A road to Eiffel. *http://www.inf.ethz.ch/personal/meyer/publications/structured/road.pdf*

[7] Morris, F.L. & Jones, C.B. An Early Program Proof by Alan Turing. Annals of the History of Computing, Volume 6, Number 2. April 1984.

[8] Ullenboom, Christian. Java ist auch eine Insel. 2002. *http://www.galileocomputing.de/openbook/javainsel4/*

Alle Links zuletzt geprüft am: *Feb, 11. 2005.*